Jan Zerbst

Haben Sie auch Anti-Möwen-Spray?

Haben Sie auch

JAN ZERBST

ANTI-MÖWEN-SPRAY?

Was echte Küstenurlauber kennen und lieben. Von A-Z

MIT ILLUSTRATIONEN VON MIGUEL FERNANDEZ

LAPPAN

INHALT

EINLEITUNG

Rauschende Wellen, salzige Luft, Sonne, die auf der Haut kitzelt, kreischende Möwen, feiner Sandstrand unter den Füßen. Das alles ist ein guter Anfang für autogenes Training.

Echter Küstenurlaub hat aber meiner Ansicht nach verdammt viel mehr zu bieten.

Die grauen Regentage, die Quasselstrippen im Strandkorb nebenan, die Schwärme von Kegelclubtouristen oder aber die Sanddornmafia und die Hundebesitzer, die ihre Hunde anbellen, um sie zu bitten, nicht mehr zu bellen.

Wir echten Nord- und Ostseefans mögen sogar diese Urlaubs-Ärgernisse und genießen natürlich unsere ganz persönlichen Highlights: Den besten Bäcker mit den leckersten Brötchen im Urlaubsort, die besten Buchten zum Surfen oder den urigsten Ramschladen …

Seit ich denken kann, mache ich, wann immer es geht, Urlaub an den deutschen Küsten. Ich war zig Mal auf sämtlichen nord- und ostfriesischen Inseln, in allen Landstrichen zwischen Pilsum und Husum,

Eckernförde und Niendorf, Kühlungsborn und Binz. Das Konzentrat meiner Urlaubs-Spannereien und Abhör-Aktionen im Strandkorb oder Café ist in dieses Buch gespült worden, dazu gehören auch die dümmsten, echten Tourifragen, wie „Haben Sie auch Anti-Möwen-Spray?"

Textverständnisvoraussetzungen:

 Sie lieben das Meer.

 Sie sind sehr sympathisch, klug, schön und ganz anders, als all die anderen Touristen.

 Sie können über sich selbst lachen. Und über andere.

Meer isses nicht.
Viel Spaß!

ANREISE-ROMANTIK.
DIE VIER MAGISCHEN WÖRTER.

Jetset ist was anderes. Ich fand schon als Kind die Fahrt ans Meer immer super. Kein Stress am Flughafen. Einfach nur das Auto beladen, ohne Gepäckgewichtslimit. Zwischen Koffer und Taschen werden noch Gummistiefel, Hausschuhe und diverse Strandspiele gequetscht. Und schon fährt man entspannt und vorfreudig ans Ziel. Erinnerungen an früher werden aber leider oft über die Jahre verklärt und aufgehübscht. Die Realität, die jeder kennt, sieht dann ja doch meistens anders aus.

Am Anfang steht traditionell ein Streit, weil einer angeblich getrödelt und die Abfahrt verzögert hat. Das wäre an sich nicht schlimm, aber sobald man einen Satz mit „einfach" und „immer" sagt und der geliebte Partner etwas mit „auch" und „wieder" entgegnet, wird es laut.

Beispiel:

„Wieso kannst du denn nicht einfach zehn Minuten eher aufs Klo gehen? Wir fahren immer zu spät los."

„Kannst du jetzt bitte den Zielort ins Navi eingeben, oder geht das auch wieder nicht?"

Auf den ersten 100 Kilometern ringt dann die Vorfreude die Wut nieder, und man verträgt sich wieder, es sei denn, man hat Kinder, die auf dem Rücksitz folgende Sätze abfeuern:

„Wann sind wir da?"

„Kann ich was essen?"

„Kann ich was trinken?"

„Ich muss mal!"

„Der hat geärgert."

„Wann sind wir da?"

„Ich will noch mal Kokosnuss hören."

„Wann sind wir da?"

„Ich muss jetzt wirklich mal."

„Ich hab gekrümelt."

„Ich will noch mal Kokosnuss hören."

„Ich hab in die Hose gemacht."

Dieses Beispiel gilt nur für ein Kind. Wenn mehrere davon auf der Rückbank sitzen, sagen alle einzeln diese Sätze, und zwar möglichst lauter als die anderen Kinder.

Zwischen kinderlosen Erwachsenen hält die gute Laune aber bis zum ersten Stau an. Da wird dann der Ausgangsstreit leicht modifiziert wiederholt. Natürlich mit samt der vier magischen Wörter „einfach", „immer", „auch" und „wieder".

„Jetzt verpassen wir deinetwegen WIEDER die Fähre."

„Wir haben die Fähre noch nie verpasst. Und sonst nehmen wir EINFACH die nächste. Dass du dich IMMER gleich so aufregen musst."

„Ach jetzt bin ich wohl AUCH noch schuld daran, dass DU noch aufs Klo musstest."

Um den Streit zu schlichten, hat man dann die Möglichkeit, seine Partnerin richtig teuer zum Essen einzuladen, also zum Beispiel auf ein halbes Mettbrötchen an der Raststätte. Die „Pause" ist da zwar nötig, aber NUR für die Blase eine Erleichterung. Für nur 70 Cent darf man im Pinkelparadies an den „Urimat". Das ist das „wasserlose Urinal" von Sanifair und reinigt sich selbst. Wozu nach Vegas reisen, wenn man an der Raststätte den Urimat live erleben kann mit seiner Selbstreinigungsnummer? Als Belohnung für's Wasserlassen darf man seinen 50-Cent-Voucher an der Gusticus-Theke direkt als Anzahlung für den lactosefreien Milchschaum auf dem Coffee to go für 3,75 Euro verwenden oder eben für einen verwelkten Zwiebelring auf dem gerade erwähnten halben Mettbrötchen für 4,50 Euro.

Zum Glück ärgert man sich dann endlich nicht mehr übereinander, sondern gemeinsam:

„Das wird ja EINFACH AUCH IMMER schlechter. Da fahren wir nie WIEDER hin."

Dieser „gemeinsame Ärger" kann dann komplette harmonische Urlaube bescheren, weil man sich einhellig aufregt über schlechten Service, schlechtes Wetter, schlechten Kaffee, schmutzige Unterkünfte usw. Das schweißt zusammen, und man kann sich auf andere Dinge konzentrieren, als auf sich. Das ist EINFACH IMMER das Gleiche. Oder ist das AUCH WIEDER falsch?

BINGO FÜR DEN STRANDKORB

Strandkörbe wurden nicht erfunden, um uns vor Wind zu schützen, sondern um uns beim Belauschen behilflich zu sein. Dem Strandkorb-Nachbarn ganz nah, kann man in Ruhe mit anhören, was wer über wen sagt, wie andere Familien so funktionieren, andere Ehen, andere Affären.

Das ist lange nicht so langweilig, wie der alltägliche Big Brother- oder Nachbargartenvoyeurismus. Damit es auch auf Dauer spannend bleibt, hier das ultimative Strandkorb-Gesprächsfetzen-Bullshit-Bingo. Wer alle Aussagen einer Reihe (waagerecht oder senkrecht) aufschnappt, darf sich ein Eis kaufen.

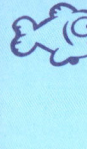

Mamaaaaa, mir ist das Eis in den Sand gefallen.

Habt ihr das kleine Bällchen vom Strandboccia gesehen?

Diiiiie haben unsere Sandburg kaputt gemaaaaacht!

Ich muss mal. Darf ich ins Meer?

Ihr habt ja schon blaue Lippen. Jetzt raus aus dem Wasser.

Mausebär, du bist schon gan rot im Gesicht

Cremt ihr euch bitte ein!?

Wer hat die Getränke in die Sonne gestellt?

Hihi. Nein, Schatz. Hihi. Jetzt nicht. Hih

Können die Leute ihren Müll nicht mitnehmen? Unmöglich!

Aua! Spielt gefälligst weiter hinten Fußball!

Finn-Leon, du buddelst Lea-Sophie jetzt sofort wieder aus!

Das ist kein Bernstein. Das ist eine Scherbe.

Können Sie Ihr Handtuch nicht woanders ausschütteln?!

Lass uns den Strandkorb ma etwas drehen

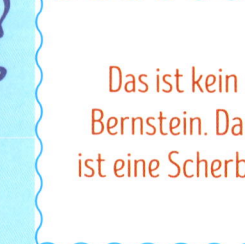

Kschsch, Kschsch! (zu einer aufdringlichen Möwe)

Wo ist denn die Sonne hin?

Ich will noch nicht los. Der Strandkorb war teuer!

Die sollen gefälligst an den Hundestrand gehen.

Der Oppa sieht ja aus wie'n Walross.

Kannst du mir den Rücken eincremen!?

Ahhhh! Ich bin auf eine Muuuuschel getreeeeten!

Hast du die Kurkarten?

Schatz, ich glaube, ich will DOCH keine Kinder.

Letztes Jahr hat der Bikini noch gepasst. Bin ich zu dick?

CAFÉ-EVOLUTION.
LACTOSEINTOLERANZ AN
DER STRANDPROMENADE

So wie Tomatensaft fast nur in Flugzeugen getrunken wird, hat jeder Touri in seinem Urlaubsort seine Lieblingsgetränke und Speisen in Küstencafés. Ich checke zum Beispiel Jahr für Jahr in möglichst jedem Café auf Föhr die Waffeln mit Kirschen, Eis und Sahne. Aktuell liegt die Kerzenscheune in Nieblum knapp vor der Milchbar in Wyk. Viele machen solche Vergleichsaktionen mit Friesentorte, roter Grütze, oder, gerne genommen, den alkoholischen Heißgetränken. Da gibt es beispielsweise Tote Tante (Kakao, Sahne und Rum), Pharisäer (Kaffee, Sahne und Rum), Grog (Wasser oder Tee und Rum) oder auch einfach Rum (ohne alles).

Früher gab es in einem zünftigen Küstencafé plüschige Sitzecken, eine dunkle Inneneinrichtung, faire Preise, blau-weißes oder buntes traditionelles Geschirr, Filterkaffee (natürlich mit Sahne und/oder Rum) und eine angenehm unfreundliche, alte, wortkarge, weiß beschürzte Küsten-Ureinwohnerin als Bedienung.

In Heiligenhafen hat mal vor vielen Jahren eine arglose Touristin freundlich Cappuccino bestellt, am Nebentisch, so dass ich die Antwort mithören durfte:

„Giebs nich. Wir sind ja hier nich in Rimini."

Gefolgt von: „Willst du Kaffee oder nich?"

Schön.

Plötzlich aber kamen modernere Läden mit angeblich frischeren Re- und Konzepten für jüngere und/oder reichere Touristen – mit modernem Porzellandesign, mit einer Bar und Barhockern, mit ein paar Brownies und Cookies zu essen und bei Bedarf mit einem low-fat-venti-soja-caramel-coconut-flavoured-lime-java-cream-chai-chocochino to go. Solche Cafés waren dann auch kurz beliebt, weil die Dauertouristen dachten: „Och, ist mal was anderes." Waren dann aber bald wieder out, weil die Dauertouristen dachten: „Och, kennen wir ja jetzt. Müssen wir nicht wieder hin."

Heute schwappt nun die Hipster-Café-Welle ans Meer. Die Gastronomen wollen die jungen Großstädter anlocken. Hip heißt: überteuert und lieblos angerichtet. Im Café redet niemand, weil alle aufs Smartphone starren und bei Instagram versuchen, sich selbst mit einem bräunlichen Filter auf dem Selfie mit Meer und glutenfreiem

Feige-Ziegenkäse-Ciabatta im Hintergrund zu inszenieren. Weil aber die Internetverbindung an der Küste selten besser ist als „E", ist die Stimmung immer angespannt.

Echte Nord- und Ostseeurlauber sehnen sich zurück in die dunkle Caféstube, in der der Pharisäer mit Filterkaffee gemacht wird ... MIT Koffein ... und die Sahne MIT Lactose und die Waffel MIT Gluten. Und wenn man dann nach Zucker fragt und die unfreundliche Bedienung sagt: „Du, dafür lauf ich jetzt nicht noch mal extra hin und her", – dann weiß man die wahre, echte, alte, norddeutsche Unfreundlichkeit wieder richtig zu schätzen.

DÄNEMARK.
DER HALBHOHE NORDEN

Wir Nord- und Ostseeurlauber müssen nicht extra nach Malle fliegen, um glücklich zu sein. Ist ja aber auch zu aufregend und unsicher. Wir mögen die Anreise mit dem Auto oder mit dem Zug - und damit das Gefühl, für Notfälle noch ganz nah an zu Hause zu sein, falls plötzlich der Keller vollläuft oder sich die Katze oder Oma erkältet.

Außerdem verstehen wir – meistens – die Sprache der Einheimischen und erleben auch mit der Urlaubsflora und -fauna nur selten Überraschungen, setzen die sich doch zu 99 Prozent aus Seehunden, Strandhafer, Deichlämmern, Heringen und Sanddorn zusammen.

Doch auch unter uns Nord- und Ostseefans gibt es die Draufgänger und Abenteurer, die keck über den Tellerrand gucken wollen und nach Grenzerfahrungen suchen. Diese Touristen setzen bei Flensburg keinen Blinker, biegen nicht Richtung Niebüll oder Glücksburg ab, nein, sie fahren wild entschlossen weiter in ein Land, in dem die O's durchgestrichen sind, die Würstchen rot und die Menschen klingen, als hätten sie dauerhaft heiße Kartoffeln im Mund.

Zum Glück gibt es aber auch da oben Nord- und Ostsee und somit auch Seehunde, Strandhafer, Lämmer, Heringe und, ganz wichtig, Sanddorn. Der heißt dort Havstorn, wird aber genauso variantenreich und teuer feilgeboten wie in Deutschland.

Außerdem ist der Däne an sich in den meisten Fällen hilfsbereit und deutschsprachig. Er plündert auch viel seltener als noch zu Wikingerzeiten. Stattdessen vermietet er Holzhäuser mit Saunen und Whirlpools und hat insgesamt viel mehr Sand als wir. Darum gibt es mit dem Auto befahrbare Sandstrände und viele breite, lange Hundestrände. Eigentlich besteht zwischen Blavand und Skagen ganz Jütland aus Sand.

E-BIKE-BESCHISS

R adfahren liegt in der Beliebtheit bei Touristen noch weit vor Surfen und Beachvolleyball. Dafür gibt es viele Gründe:

 Man sieht viel und bewegt sich trotzdem.

 Viele Touristen sind für andere Sportarten viel zu faul und/oder sparsam.

 Im Gegensatz zum Auto darf man auf'm Deich fahren.

 Im Gegensatz zum Auto darf man auf einigen ostfriesischen Inseln überhaupt fahren.

 Die Radwege sind ausgebaut wie Autobahnen, nur ohne Sanifair. Von Ahrenshoop nach Zingst, von Norddeich nach Pewsum, von Hörnum nach List.

Das Land kann noch so platt sein, es ist durchaus eine Herausforderung bei einer steifen Gegenbrise zu fahren, auf den Leihfahrrädern mit den breiten, gemütlichen und dennoch prostataunfreundlichen Sätteln. Und wenn man dann durch die Dünen gegen den Wind radelt, die Sonne und das Salz auf der Haut spürt, kräftig in die Pedalen tritt, sich schnell fühlt und stark und jung, und das alles trotz des Gegenwindes, und wenn dann plötzlich ein eindeutig über 80-Jähriger mit Leichtigkeit, lächelnd, rechts überholt ... dann handelt es sich entweder um ein Wunder, oder, viel wahrscheinlicher, um ein E-Bike, das es inzwischen bei fast jedem Fahrradverleih für großes Geld gibt. Und dann wechselt man doch lieber zum Beachvolleyball oder Surfen oder ins Auto.

FISCHBRÖTCHEN-PSYCHOGRAMM

FÜR MICH BITTE EIN WALFISCHBRÖTCHEN.

„Zeige mir deine Auslage in der Fischbude, und ich sage dir, wer hier Urlaub macht."

Fischbuden gehören in jeden Küstenort. Das Angebot variiert kaum. Aber da die Nachfrage auch hier das Angebot bestimmt, muss man nur überprüfen, welche Brötchen viel, wenig oder gar nicht angeboten werden und kennt sein touristisches Umfeld.

SEELACHSSCHNITZEL-BRÖTCHEN:
NRWler mit braunen Socken in Treckingsandalen.

KRABBENBRÖTCHEN:
Ökos aus Baden-Württemberg, die nicht wissen, dass die Krabben zwar um die Ecke gefischt wurden, aber zum Pulen viel weiter gereist sind, als sie selber.

FISCHFRIKADELLENBRÖTCHEN:
Berliner, die Buletten mögen, aber eigentlich keinen Fisch. Eine Schrippe mit panierten Resten passt da noch am besten.

MATJESBRÖTCHEN, auf dem eine halbe Gemüse-
zwiebel liegt. Dicker, als der Fisch selbst: Trucker.

RÄUCHERAALBRÖTCHEN:
Pärchen fortgeschrittenen Alters in farblich abgestimmter
Funktionskleidung, die auch den Nachgeschmack später
zusammen genießen.

BRATHERING:
Engländer, die das Wort mit Ti Eytsch aussprechen und es
für eine norddeutsche Aktivität halten.

HUMMER-BRÖTCHEN MIT WEISSWEIN:
Schickeria-Touristen, die mal was „Einfaches" essen wollen. Sie bestellen das aber „bitte ohne Brötchen".

BACKFISCHBRÖTCHEN MIT REMOULADE:
Kinder und Möwen.

BRÖTCHEN MIT SALAT, ZAZIKI UND LAMM:
Einheimische. Sie nennen es „Döner".

GEDÖNSGESCHÄFT
ODER DIE MEERESMÜLL-
MITBRINGSEL-MANUFAKTUR

Schon beim Betreten des leicht gammelig anmutenden Ramschladens weiß man, dass man hier gewiss nichts kaufen wird. Man flaniert vorbei an kleinen mit Sanddornlikör gefüllten Leuchttürmen, an Bonbons, die „Möweneier" heißen, an Aufklebern in Inselform, an Keschern, Gummistiefeln, blank polierten, gepunkteten Schneckenhäusern, die es an der Nordsee nicht gibt, die aber rauschen, wenn man sie ans Ohr hält, an Postkarten und T-Shirts, auf

denen steht: „Meine Freunde waren auf Norderney, und das Einzige, was sie mir mitgebracht haben, ist dieses alberne T-Shirt."

Dämlich und überflüssig! Wie kann man nur so was anbieten? Ausnahmslos Ramsch. Wer kauft so was?

Weil man aber ja im Urlaub ist und Zeit hat, schaut man sich alles in Ruhe an. Auch die Kandis-Stäbchen, die Buddelschiffe, die Kuschel-Seehunde, Kuschel-Dorsche (gibt es wirklich!), die Porzellantassen, auf denen „Schietweddertee" steht und alle 300 Sorten Friesentee.

Während man so schlendert und mit Muße schaut, beginnen diverse Faktoren, besser bekannt als „kleine Seeteufel", auf die Psyche einzuwirken:

- *Der traurige Blick des Verkäufers, der so einsam in seinem Ramschladen steht.*

- *Das Geschrei der Kinder, die dringend einen Kescher brauchen.*

- *Die Vorstellung, nach dem Urlaub ohne ein Mitbringsel auf Oma zu treffen.*

Selbstverständlich verlässt man den Laden, in dem es nichts als Ramsch gibt, am Ende, ohne etwas gekauft zu haben ...

... mit Ausnahme des Eier-Grogs, der Friesendiesel heißt ... und dem getrockneten Seestern ... und der Lenkdrachenmöwe ... und dem Ingwerkandis in Rum ...

... und dann kauft man noch schnell dieses witzige T-Shirt, auf dem steht: „Meine Freunde waren auf Norderney, und das Einzige, was sie mir mitgebracht haben, ist dieses alberne T-Shirt."

HUNDE UND SEEHUNDE

Die Stars der Küstenfauna sind eindeutig die Seehunde. Die sind zwar an der deutschen Ostseeküste selten zu sehen, dafür an der Nordsee umso häufiger. Sie liegen in der Beliebtheit noch vor dem Wattwurm, dem Austernfischer und der Krabbe. Man sieht sie mit Glück von der Fähre oder vom Badestrand aus oder, noch wesentlich häufiger, von extra dafür in See stechenden Ausflugsbooten aus, auf Sandbänken herumliegen.

Die extra ausgewiesenen Hundestrände dagegen werden nicht von See-, sondern ausschließlich von Touristenhunden bevölkert. Die sind außerdem an allen Strandpromenaden und in allen Cafés anzutreffen.

Für alle, die sich unsicher sind, ob sie einen Seehund vor sich haben und ihre Kamera zücken müssen, hier fünf Hilfs-Indizien, die bei der Unterscheidung helfen.

SEEHUND

- *heult*
- *taucht*
- *jagt und frisst Dorsche, Heringe, Lachse, Sardinen*
- *kann in der Nordsee eine halbe Stunde lang unter Wasser bleiben*
- *Wenn er aus dem Wasser guckt und sich umschaut, sagen alle Menschen: „Ohhhhhh, süß!"*

TOURISTENHUND

- *bellt*
- *riecht*
- *jagt Möwen, Tauben, Austernfischer und frisst später Krümel, Pommes und alles, was sonst so runterfällt*
- *kann im Restaurant keine halbe Stunde unterm Tisch bleiben*
- *Wenn er aus dem Wasser kommt und sich schüttelt, sagen alle Menschen: „Ihhhhhh, nass!"*

Sehr selten, weil sehr scheu, sind diese possierlichen Tiere:

SEEPINSCHER

ROLLMOPS

SCHÄFERSEEHUND

WASSERSKIHUAHUA

INSELKALENDER.
IM MATROSENHEMD ZUM KURKONZERT

März

Saisonbeginn. Die erste Touriwelle kommt. Die Insulaner stellen Leihfahrräder vor die Tür, Fischbuden an den Hafen und Sanddornprodukte in die Läden.

April

Erste Strandkörbe werden aufgestellt, erste Kurkonzerte und Diavorträge über den Urlaubsort werden angeboten. Rund um Ostern gibt es dann alle Sanddornprodukte mit Hasen- oder Eiermotiven.

Mai

Mildes Klima, keine Schulferien. Der erste Ansturm der Grau-Beigen startet. Die Senioren kommen. Besonders gefürchtet sind die Nordrhein-Vandalen. Die Insulaner tragen ab jetzt Matrosenhemden, Strickmützen und Trachten. Das erhöht das Trinkgeld signifikant. An die Sanddornprodukte werden Schilder geklebt, die erklären, welche Krankheiten durch den hohen Vitamin-C-Gehalt geheilt werden. Und die Preise werden erhöht.

Juni

Jetzt sind endgültig alle Saisonkräfte auf der Insel. Zu jeweils 50 Prozent stören und bereichern sie die Insulaner. Sie verkaufen Eis, Massagen, Crêpes, Kinokarten, Fischbrötchen und Sanddornzeug.

Juli

Hochsaison. Alle Urlaubsunterkünfte sind belegt, sogar die hässlichen in den entlegenen Dörfern. Sonne für die Touris, Stress für die Insulaner. Schließlich gehen so langsam die Leihfahrräder, Leihsurfbretter, Ferienwohnungen und Eisvorräte zur Neige. Und die Sanddornprodukte.

August

Jeden Abend Kurkonzerte. Woche für Woche gleich.
Die Touris sind begeistert, die Insulaner inzwischen
nervlich ernsthaft angeschlagen. Der frische Duft nach
Salz-Algen-Meer kippt nach und nach in Sonnenmilch-
Pommes-Schweiß. Die Cafés servieren Sanddorntorte,
die Kneipen Sanddornlikör.

September

Es beruhigt sich. An den Sanddornsträuchern, in die
das ganze Jahr die Touristenhunde gepinkelt haben,
sind die Früchte langsam reif.

Oktober

Freudenfeste überall, denn: Nach den Herbstferien
endet die Saison. Sowohl die Insulaner als auch ihre
Sanddornvorräte sind endgültig alle.

November

Die Insulaner reisen - wenn sie nicht in Therapie sind -
weit weg, um in der Karibik den Sommer nachzuholen.
Fernab von Kurkonzerten. Und Sanddorn (der kommt
übrigens ursprünglich aus Nepal).

Dezember

Über Weihnachten und Silvester kommen noch mal viele Inselliebhaber. Die stören aber nicht, weil sie weder Strandkörbe noch Leihfahrräder brauchen. Nur die Seeluft. Und Sanddorn.

Januar

Die Insel ist leer. Die Insulaner glücklich und entspannt. In aller Ruhe werden Leihfahrräder geflickt, Strandkörbe ausgebessert, Ferienwohnungspreise erhöht und unter lautem Gelächter neue absurde Sanddornprodukte konzipiert: Sanddorn-Bäder, Sanddorn-Potenzpillen, Sanddorn-Autoaufkleber.

Februar

Alle Insulaner sitzen in großen Fabrikhallen und machen das, was die Alchimisten früher vergeblich versuchten: Scheiße zu Gold … bzw. Sanddorn zu Geld.

JAKOBS MUSCHELN, HELGO-LÄNDISCH UND HUHTSCH

Eine kleine Auswahl an Fragen von Touris und Dialogen mit Touris, die wirklich stattgefunden haben und von Küstenbewohnern noch heute liebend gerne nacherzählt werden.

- -

 Haben Sie auch Anti-Möwen-Spray?
(Frage eines angeschissenen Vaters in einer Apotheke in Leer)

- -

 Wo fährt denn hier der Bus nach Helgoland?

 *Sie sind auf Föhr. Das ist eine Insel. Helgoland ist auch eine Insel. Eine Hochseeinsel sogar. Da fährt kein Bus.*

 Doch. Wir haben ein Plakat gesehen und wollen jetzt ein Ticket für den Bus nach Helgoland!!
(Zur Erklärung: Auf Föhr werden Busfahrten von Dagebüll zum LEGOland angeboten.)

- -

 Wo sind denn jetzt die Berge?
(Eine Familie komplett in knöchelhohen Wanderschuhen in Eutin. Die ganze Familie hatte Urlaub in der Holsteinischen Schweiz gebucht, um in den Bergen zu wandern. Die höchste Erhebung ist übrigens der Bungsberg mit 168 Metern.)

- -

Wann geht denn die 8-Uhr-Fähre?
(Frage in Neuharlingersiel)

 Warum findet die Wattwanderung heute nicht statt?
 Weil wir Flut haben.
 Ach, und dann geht das nicht?"
(Frage auf Amrum)

 Möchten Sie noch Jakobsmuscheln haben?
 Nein danke. Den kenne ich ja gar nicht.
(Dialog in einem Restaurant auf Sylt)

 Laut Google müsste hier doch irgendwo Hamburg sein?!
(Irritierter Autofahrer in Cuxhaven, weil Neuwerk zum Bundesland Hamburg gehört)

Wo ist denn hier der Strand?

(Standardfrage, vor allem an grasigen Küstenstrichen in Ostfriesland)

 Wo ist denn das Meer?

(Standardfrage an der Nordseeküste bei Ebbe)

 Auf welcher Seite der Schlei ist denn die Klappbrücke? ... Es ist eine Brücke!?

(Frage in Kappeln an der Schlei)

 Welche Sprache sprechen denn die Helgoländer?

(Frage an den Landungsbrücken am Katamaran in Hamburg)

 Wie viel kostet der Eintritt ins Fischland?

(Frage in Ahrenshoop auf dem Fischland in Mecklenburg)

 Haben alle Fahrräder hier den gleichen Preis?

 Nee, unterschiedlich. Is wie bei 'ner Pizza. Diabolo ist auch teurer als Margheritha, weil mehr drauf ist.

 Ach, Pizza haben Sie auch?

(Gespräch bei Fahrrad-Deichgraf auf Föhr)

Können Sie die Muscheln noch mal ins Wasser tun? Die sind ja steinhart.

(Frage eines Restaurant-Gastes, der nicht wusste, dass man Muscheln aus der Schale löst)

 Sooo beeindruckend finde ich diese Bäder-Architektur jetzt auch nicht.

(Touri auf der Liege im SchwimmBAD im Kübomare in Kühlungsborn)

 Was ist denn dein Lieblingsfisch?
 Backfisch.

(Tourikind zum Fischer beim Hafenfest in Greetsiel)

 Wir möchten nach Huhtsch.
 Was ist Huhtsch?
 Na, da fährt doch die Fähre hin.
 Ach, Sie meinen Hallig Hooge.
 Ach, spricht man das nicht englisch aus?

(Gespräch am Hafen von Schlüttsiel)

 Können Sie uns bitte eine Kurtaxe bestellen?

(Älteres Ehepaar nach dem Restaurantbesuch auf Norderney)

KLEINKINDKONZERTE
AM STRAND

Es ist Spätsommer. Die Sonne kommt raus. Ich sitze in einem Strandkorb und möchte Zeitung lesen. Das ist nicht ganz einfach, weil einem durch den Wind immer wieder Teile wegfliegen und durch die Hitze Druckerschwärze an den Händen klebt. Macht trotzdem Spaß. Bis die erste Großfamilie kommt.

Die Eltern stecken einen Sonnenschirm in den Sand. Noch einen. Daneben kommt ein Windschutzzelt. Dahinter Strandmatten. Darauf Kühlboxen, Förmchen und Bälle. Und dann kommt noch eine Familie. Und dann noch eine. Die haben jeweils genauso viele Schirmchen, Zelte und Matten und mindestens genauso viele Kinder, Kühlboxen und Förmchen.

Nachdem alles aufgebaut und ausgebreitet ist, versuche ich meine Aufmerksamkeit wieder der flatternden Zeitung

zu widmen, in die ich seit einer halben Stunde starre, ohne eine Zeile zu lesen. Leider versuchen die hibbeligen Mütter von nebenan aber permanent, ihre Kinder zum Essen zu zwingen, auch wenn sie dafür quer über den Strand brüllen müssen: „Möchte die Paula noch eine Dinkelstange haben?"

WICHTIG: Alle Mütter können diese Fragen offenbar **1. nur brüllen,** klingen dabei **2. mindestens eine Oktave höher als sonst** und formulieren **3. immer in der dritten Person.**

Als die Kinder nicht reagieren, wird in verschiedenen Variationen weitergefragt, immer unter strenger Einhaltung der drei Regeln (s.o.).

„Soll die Mama der Paula mal die Apfelspältchen holen?"

Sobald die Kinder um des lieben Friedens willen etwas in sich rein gestopft haben, wischen ihnen die Mütter mit diesen eklig parfümierten Erfrischungstüchern durchs Gesicht, bis die Kinder so frustriert sind, dass sie kreischend los heulen, woraufhin die Mütter hektisch und hysterisch versuchen, sie wieder ab zu lenken – meist unter Zuhilfenahme absurdester Verniedlichungen.

„Guck mal Paula, ein Hundi! Schau mal, die Mama macht einen Miesmuschel-Mund. Muss die Paula mal püschern? Sollen wir mal ei bei dem Wauwau machen? Möchte die Paula noch eine Dinkelstange haben??!!"

Genau diese Kulisse ist es, die wir Meeresurlauber meinen, wenn wir von der „herrlichen Weite und Ruhe" an der Nord- oder Ostsee sprechen. Fest steht: Kleinkinder am Strand sind toll! – wenn sie nur nicht immer ihre Mütter dabei hätten.

Aufräumarbeiten in der
Nebensaison

Inselmode:
Nerz am rechten Fleck

Watt is?

Hinterm Deich, unterm Schirm

80er-Jahre-Bausünden

Gestrandeter Heuler

Spiekeroog: Hahn im Korb

Utersum: Föhrteilhafte Pose

Pelzerhaken: Beim Bootsausleiher
beschissen worden

Wyk: Junge, komm bald wieder!

Cuxhavenselfie

Borkumselfie

Amrumselfie

Bei stark Nord-Nord-West

Beim Korbulieren

LACHMÖWE.
DAS CHAMÄLEON DER LÜFTE

Die Lachmöwe ist ein sehr stiller, introvertierter Vogel. Sie fliegt leise durch die Gegend, schaut sich das Meer von oben an, folgt Kuttern, um Fisch zu fangen, beobachtet Seehunde auf Sandbänken, überfliegt die eine oder andere Hallig, um den Warftbewohnern liebevoll aufs Reetdach zu scheißen. Nur hin und wieder, zur Belustigung, trifft sich dieser ernste und stille Vogel mit Freunden, um an einen Strand zu fliegen. Und dann kann die Möwe nicht anders, sie muss lachen. Sie schmeißt sich weg. Denn was sie von oben sieht, ist Comedy allererster Güte. Wir kennen sie nur als „Lachmöwe", denn wir sitzen auch unten am Strand.

51

MOIN

Im gesamten amerikanischen Kulturkreis gehört zu einem normalen Gespräch, egal ob an der Supermarktkasse oder bei der Bank, folgendes Begrüßungskonversationsritual:

Hello.

Hello.

How are you doing?

Good. How are you?

Good. Thank you.

Dieses Gespräch wird in einem penetranten Singsang und mit aufgesetztem Lächeln geführt und ist inhaltlich immer gleich. Als Variante kann man höchstens statt „good" mal „fine" oder „fantastic" sagen. Wichtig ist aber, dass man sich im gegenseitigen Einvernehmen vorgaukelt, sich ach so supi zu fühlen. Erst danach darf man das eigentlich geplante Gespräch führen. Das ist gesellschaftliche Norm.

In Wyk auf Föhr habe ich mal exakt folgendes Gespräch zweier älterer Männer belauscht und mir direkt danach notiert:

Moin.

Moin.

Wie gehts?

Schlecht. Und selbst?

Auch nicht so, du. Ne. Muss ja.

Jo. Gut, dann ... Tschüs.

Tschüs.

Es wird weder ein Blatt vor den Mund genommen noch unnötig gequatscht. Tiefer gehende Gespräche werden nur in Anwesenheit von Köm und in Abwesenheit von Touristen geführt.

MERKE: Es heißt **Moin.** Und Moin heißt Guten Tag. Und es wird nicht hamburgisch Moiiiieen ausgesprochen, sondern kurz und knackig „Mojn". Und es heißt nicht Moin Moin. Moin Moin steht nur in den Sprechblasen der Seehunde auf den Postkarten.

NEID AUF WATTWÜRMER

Jeder kennt das überhebliche Lächeln von Freunden oder Nachbarn, wenn sie fragen, wie denn der Urlaub an der Küste war. Denn eigentlich möchten sie damit ausdrücken: „Ach, ihr wart wieder NUR an der See?" Und noch eigentlicher möchten sie viel lieber gleich erzählen, wo SIE waren, und dass es da wärmer war und dass sie ja auch geflogen sind und dass sie darum auch viel mehr erlebt haben. Und am eigentlichsten schwingt die Angst mit, vielleicht doch falsch zu liegen.

Dechiffriert sagen sie also:

„Wir sind einfach nur neidisch, dass ihr einfach NUR an die Küste fahrt, weil wir unseren Urlaub in dreckigen Bunker-Hotels an verbauten Stränden nie richtig genießen können."

Nord- und Ostseeküste tun nämlich Seele und Herz und Körper und Geist gerade deshalb so verdammt gut, weil sie unspektakulär sind. Das Land ist flach. Das Wetter ist mal so mal so. Es gibt keine Großstädte, wenig Nachtleben und oft nasse und/oder dreckige Füße und/oder Kinder.

Charme hat die deutsche Küste. Und Ehrlichkeit. Und arroganzfreies Selbstbewusstsein. Sie muss keinen auf Pazifik machen. Wozu Blauwale, wenn man Wattwürmer hat?* Und genau darum sind die Freunde und Nachbarn neidisch. Weil sie es sich nicht trauen, NUR an die Küste zu fahren.

---

* Alle Angaben gelten selbstverständlich nicht für Kampen auf Sylt.

OSTSEE ODER NORDSEE?

Touristen streiten darüber oft erbitterter als die Küsten-
bewohner selbst.

Die haben schließlich ihren eigenen regionalen Beef:
Amrum gegen Föhr, Juist gegen Norderney, Hiddensee ge-
gen Rügen. Das ist genau wie Köln – Düsseldorf, Schalke –
Dortmund oder Hannover – Braunschweig.

Inhaltlich bleibt das Niveau des Disputs oft auf Kinder-
spielplatz-Level i.S.v. „Ich bin aber viel größer als du" oder
„Mein Papa ist stärker als deiner".

Für alle, die immer nur Nord- oder immer nur Ostsee-
urlaub machen, empfehle ich, die andere Seite mal auszu-
probieren. Zum Streiten vorab gebe ich aber gerne beiden
Parteien Argumente an die Hand:

PRO NORDSEE

PRO OSTSEE

Hier weiß man sofort, wo man ist. Wortkarge Gast-
geber, deren Platt oder Friesisch man oft gar nicht
versteht und einzigartige Ortsnamenendungen, wie
büll, koog, siel, lum, num, kum, sum, rum, tum ...

- -

Ach, gilt das auch für die Endungen esterland, ebel
und orderney? Bei uns wird auch platt geschnackt, du
Bruuskopp. Außerdem müssen wir nicht auf die Flut
warten, wenn wir das Meer sehen wollen!

- -

Welches Meer? Die baltische Salzwasserpfütze ist
doch gar nicht richtig offen. Wir haben Gezeiten, das
heißt auch: Watt. Und damit Weltnaturerbe. Und See-
hunde. Und überhaupt echtes Wetter: Schöne nordat-
lantische Tiefdruckgebiete mit echt steifer Brise.

- -

Pffff. Jetzt ist selbst Wind schon ein Vorteil? Es kann ja
auch ganz nett sein, wenn nicht alle Teller, Speisekarten
und Stühle über die Terrasse fliegen, wenn man versucht,
draußen Kaffee zu trinken. Surfen kann man bei uns üb-
rigens auch. Und in unsere Boddenlandschaften kommen

56

jährlich Zigtausende Kraniche. Da brauchen wir keine
Seehunde. Und wir haben die höhere Sonnenscheindauer.

Dafür kann ich auch ins Solarium gehen. Bei uns
spürt man noch, dass man lebt, mit der Kraft vom
blanken Hans. Und nur darum gibt es echte Deiche
und Dünen und Wildnis. Und damit Gefühle, Drama-
tik, Theodor Storm, Geschichten von Walfängern und
Rungholt. Nicht nur die verpennten Kreidefelsen als
Malvorlage für Impressionisten.

Wir haben eben Kultur, vor allem Freikörperkultur.
Und echte Schätze am Strand, z.B. jede Menge tollen
Bernstein in Ribnitz-Damgarten.

Ja, und jede Menge tollen Beton, z.B. in Damp. Bernstein
haben wir auch. Komm mal nach SPO. Da haben wir weißen Sandstrand, so weit das Auge reicht, und brauchen
keine Hansa- oder Vogelparks, um interessant zu wirken.

Ach, weil ihr ja sooo geerdet seid, mit eurem ganzen Schischi.

Schischi?

Sylt?

Stimmt. Schlimm. Timmendorfer Strand?

Stimmt. Schlimm. Trinken wir 'nen Lütten?

Jo.

PONYREITEN. WENN KINDER ZU ACTION-STARS WERDEN

Und das geht so: Kinder abliefern. Kinder sind aufgeregt. Erstes Foto: Kinder berühren schüchtern mit dem kleinen Finger die Mähne.

Dann werden die Gruppen eingeteilt. Lily-Marie reitet auf Candy, Finja-Sophie reitet auf Sugarberry, und Britney-Shayenne kriegt den dicken Krümel. Oder andersrum.

Dann heult Finja-Sophie, weil sie lieber auf Candy reiten wollte und begründet ihr Missfallen mit einem schrill gebrüllten: „Das ist aber uuuuungerecht!"

Britney-Shayenne versucht mit dem Fuß in den Steigbügel von Krümels Sattel zu kommen.

Dann reiten alle mit 0,002 km/h an Hütchen vorbei – und werden von netten Pferdemädchen angeleitet. „DIE SUGARBERRY NICHT SO TREEEETEN BITTE!"

Britney-Shayenne versucht immer noch, sich auf den Sattel von Krümel hochzuhieven.

Am Ende machen alle Kinder ein Kunststück – sie nehmen eine Hand vom Zügel. Alle Eltern versuchen mit aller Kraft beeindruckt zu tun.

Und Britney-Shayenne ... bekommt ein Eis.

QUALLEN. IHHHHHHH!

Die Qualle ist ein Ih-Tier. Dafür kann sie gar nichts. Es gibt aber viele Ih-Menschen, vor allem Ih-Mädchen, die alles „ih" finden, das vom Typ und von der Konsistenz einer Qualle ähnelt.

Ih-Mädchen sagen auch „Ih, Räucheraal" ... „Ih, da ist ein Fettrand an meinem Fleisch" ... und „Ih, da ist eine bräunliche Stelle an dem Salatblatt".

Aber Ih-Mädchen finden auch vieles voll süß. Voraussetzung dafür sind vor allem kuschliges Fell und große Augen, so wie bei Robbenbabys, Eisbärbabys oder George Clooney.

Die Qualle hat von diesen Attributen eher wenig, und der gemeine Tourist kuschelt auch nicht gern mit ihr, erst recht nicht mit Feuerquallen, die neben glitschig auch noch brennend sind.

Die Qualle selbst kann aber eben nichts dafür. Sie hat weder ein Hirn noch eine Lobby. Sie besteht zu großen Teilen aus Wasser und bewegt sich im Wasser auch deutlich anmutiger als außerhalb. Am Strand sieht sie leider aus wie Quittengelee oder Costa Cordalis.

Weil die Qualle ein Recht hat, süß gefunden zu werden, fordere ich Postkarten mit niedlichen Quallen drauf, die Moin sagen, Bootstouren zu Quallenbänken, Kuschelquallen im Ramschladen, Quallenaufzuchtstationen und mindestens ein Quallengericht in jeder Speisekarte, ganz egal, ob Qualle Müllerin Art, Kräuterquarkqualle, oder Quallen-brötchen. Sie hat es verdient.

#Aufschrei

REGENTAG-ABLAUFPLAN

8 Uhr:
Aufstehen. Frühstücken. Regen. Man kann nicht an den Strand ... ins
Getümmel und Geschrei. Also noch mal hinlegen.

10 Uhr:
Total ausgeschlafen aufstehen. Zweiter Kaffee. Regen. Man kann immer
noch nicht an den Strand und muss lesen oder Gesellschaftsspiele
spielen. Im Unterschied zum Strand muss man dabei gemütlich sitzen,
und die Spielkarten und Bretter werden nicht sandig.

12 Uhr:
Zweites Frühstück.

13 Uhr:
Es regnet noch immer. Man geht ins nächste Hanse- oder Friesen-
museum. Da sind auch alle anderen, die sonst am Strand wären, und
betrachten Trachten ... und Walkieferknochen, altes Porzellan, alte
Reusen, alte Fotos von Sturmfluten, alte Auftragsbücher von
Kaufleuten.

14 Uhr:
Regen. Statt Strand, nach Hause. Kaffee. Lesen. Nickerchen.

16 Uhr:
Die Kinder dürfen fernsehen und sind zwei Stunden außer Gefecht
gesetzt. Man muss sie auch nicht beaufsichtigen, wie am Strand. Vatti
und Mutti haben mal Zeit für sich!

18 Uhr:
Abendbrot. Die Kinder sind nicht sandig, nicht verletzt und haben keinen Sonnenbrand.

19 Uhr:
Gute-Nacht-Geschichte vorlesen.

19.15 Uhr:
Gemütlicher Abend. Lesen. Karten schreiben. Früh schlafen gehen.

Da soll noch mal einer fragen, warum man nicht in die Karibik fliegt oder nach Malle. Urlaub an der Nord- oder Ostseeküste ist hundert Mal entspannter. Vorausgesetzt, es regnet.

SCHLANGEN AM MEER

Ich liebe „Brötchen holen" im Urlaub. Im Alltag mag das eine lästige Aufgabe sein, aber am Meer ist der kleine Spaziergang pures Vergnügen. Eigentlich gibt es die gleichen Brötchen wie zu Hause, aber erstens hat man endlich mal Zeit, sie zu holen und in Ruhe zu frühstücken und zweitens haben die Brötchen einfach schönere Namen: *Dünenkrusti, Korn-Küsten-Klumpen, Weizen-Watt-Wecke, Käse-Kliff-Kanten, Dinkel-Deich-Delle ...*

Wenn man die Bestellungen der Familie notiert oder auswendig gelernt hat, geht man also raus. Jetzt kann und darf man den friedlichen Morgen genießen, das Geschrei der Möwen hören, die Meeresluft tief einatmen und sieht dann die Schlange vor der Bäckerei.

In diesem Moment löst sich jedwede Friedlichkeit und gute Laune in der frischen Norseeluft auf. Auch wenn absolut jeder alle Zeit der Welt hat, regt sich absolut jeder innerlich über denjenigen auf, der ganz vorne in der Schlange steht, weil der erst nach sämtlichen Zutaten aller Brötchen fragt, dann ewig in seinem Portmonee wühlt und schließlich merkt, dass er die Zeitung vergessen hat.

Zum Glück muss man sich nicht lange über ihn ärgern, weil man sich ja alternativ hervorragend über andere ärgern kann. Schließlich steht hinter einem immer jemand mit akuten Distanzbemessungsproblemen, in der Regel ein älterer Herr mit einem veritablen Bierbauch. Diese, von einer zu kleinen Jack-Wolfskin-Jacke überspannte,

Sahnetortenwampe ragt vorne so weit raus, dass sie einem ständig in den Rücken stupst. Man geht unwillkürlich ein Stück nach vorne, will ja aber auch dem eigenen Vordermann nicht zu sehr auf die Pelle rücken. Der bäuchige Hintermann rückt sofort auf, und die Dauerstupserei geht weiter. Das ist ekelhaft. Man würde ihm vielleicht freiwillig die Hand schütteln, aber mehr Körperkontakt steht sonst eigentlich nicht auf der persönlichen Wunschliste. Man kann sich die Stupserei entweder gefallen lassen oder höflich um Abstand bitten oder ... die schönste Vorstellung: sich mit voller Wucht nach hinten werfen und mit der hinteren Schlange Domino spielen. In diesen Momenten beginnt man die Urlauber zu verstehen, die im Hotel ein Frühstück bekommen. Und die, die zu Hause ihr eigenes Brot backen (die so genannten Eigenbrötler).

Wenn man aber schließlich erfolgreich mit frischen Brötchen nach Hause kommt, hat man den Bäckereischlangenfrust meistens schnell vergessen. Hatte ich erwähnt, dass ich „Brötchen holen" im Urlaub liebe?

TOURI-TYPENTEST*

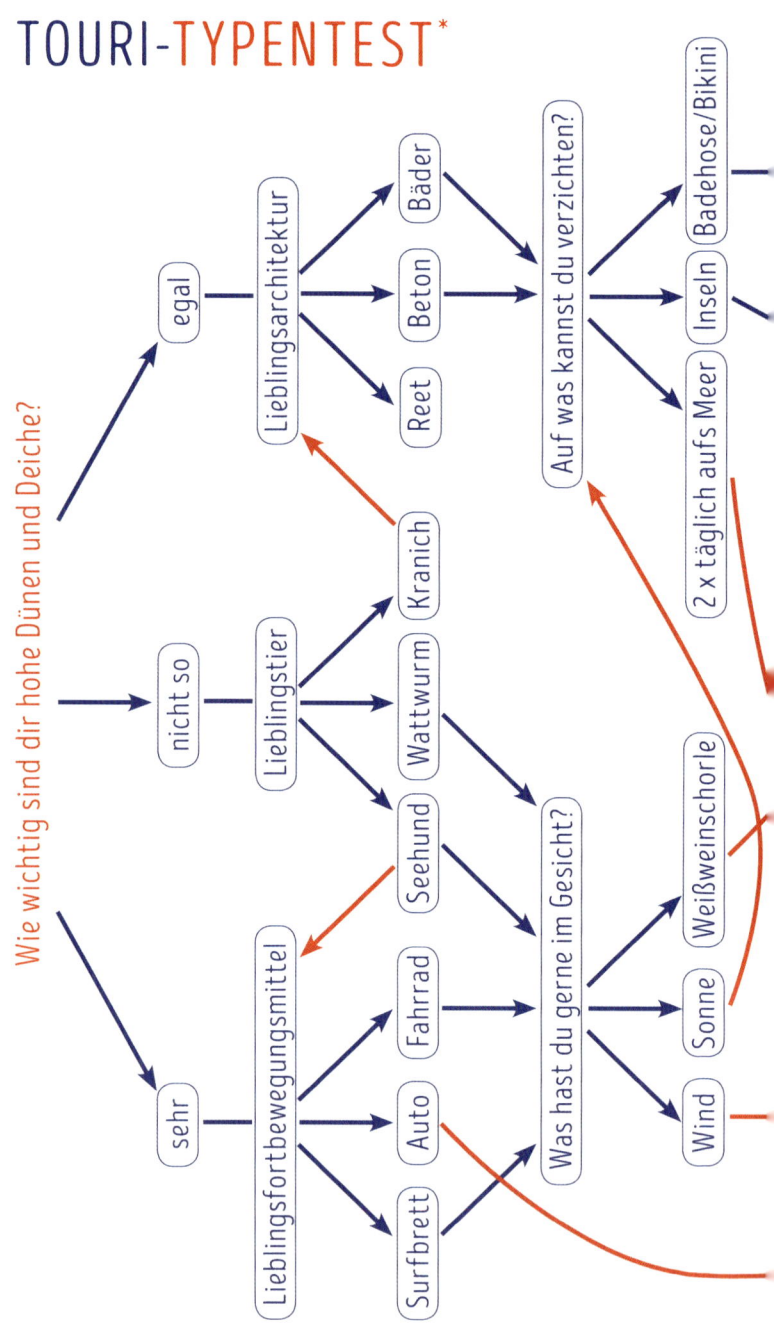

* *Wer regelmäßig an seine Lieblingsküste reist, kann
endlich überprüfen, ob er alles richtig macht. Wer noch nie*

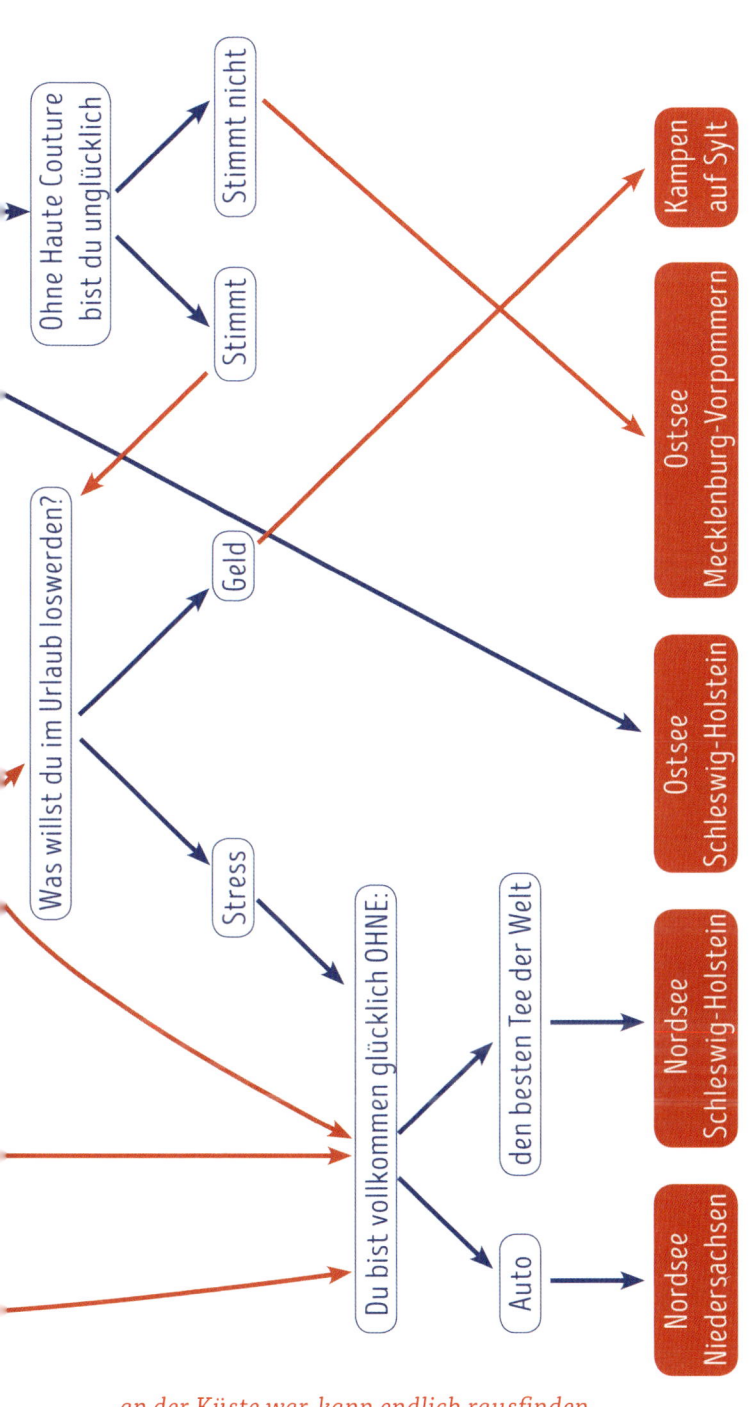

Ohne Haute Couture bist du unglücklich

Stimmt nicht

Stimmt

Was willst du im Urlaub loswerden?

Geld

Stress

Du bist vollkommen glücklich OHNE:

den besten Tee der Welt

Auto

Kampen auf Sylt

Ostsee Mecklenburg-Vorpommern

Ostsee Schleswig-Holstein

Nordsee Schleswig-Holstein

Nordsee Niedersachsen

an der Küste war, kann endlich rausfinden, wo er hingehört.

URLAUBSFOTOS.
DIE TOP 5 DER POSER-PICS ZUM POSTEN.

Früher hatte man 24 oder 36 Bilder pro Film zur Verfügung und hat sich irgendwann im Urlaub mal am Strand aufgestellt und sich zusammen mit dem Meer fotografieren lassen. Als Erinnerung an den Urlaub im Familienalbum. Heute hat man mit dem Smartphone unbegrenzt Platz, aber leider nur noch fünf Motive zur Auswahl:

1. Schriftzug in den Sand ritzen und/oder mit Muscheln legen. Daneben hocken. Verträumt an der Kamera vorbei lächeln, als hätte man gar keine Ahnung, dass man genau jetzt in dieser Haltung an dieser Stelle fotografiert wird.

2. Hand so halten, dass man die Sonne auf dem Foto auf der Hand hält, oder mit beiden Händen umschlossen. Statt Sonne kann man auch eine weit entfernte Fähre nehmen und statt Händen den Rücken oder den Hinterkopf. Romantiker/Mädchen formen mit den Fingern ein Herz, umschließen damit die Sonne und lächeln, als würden sie gerade ihren Traummann und/oder Robbenbabys sehen.

3. Rustikal, norddeutsch, hip mit Flensflasche am Strand. Egal wie kalt und ungemütlich es ist, es muss lässig aussehen. Also für das Foto die Jacke ausziehen

und hinterher für die Stimmung noch Wärme, Sättigung und Helligkeit als Filter draufhauen:

Strandkorb zu, Flens auf.

4. Um mal ein ganz anderes Foto zu schießen, das total nach Sommer aussieht, fotografiert man in die verspiegelte Sonnenbrille des Gegenübers und hat sein eigenes leicht verzerrtes Gesicht im Motiv, darüber die reflektierte Sonne als grellen Lichtfleck und davor, in der Mitte, füllt die eigene Kamera das Bild zu 95 Prozent aus.

5. Essen fotografieren. Damit jeder weiß, dass man wirklich diese tolle Kutterscholle gegessen hat, zusammen mit diesem leckeren Weißwein, müssen der Teller, das Glas, und die eigene Visage drauf. Darum wird das immer ein ungünstiges Hochkantformat auf dem ein Teil Fisch, ein halbes Glas und dass fast ausgerenkte Kinn zu sehen sind.

VORBEREITUNG IST ALLES

MAMA schreibt sich Wochen vor dem Urlaub drei Listen, die fein säuberlich abgearbeitet werden:

Einkaufen:

Sonnenmilch (50er für die Kinder, 30er für die anderen, 20er fürs Ende des Urlaubs)

Après Soleil

Körperpflege

Duschzeug

Zahnbürsten

Zahnpasta

Snacks für die Reise

neue Badeklamotten für die Kinder

Strandschuhe für die Kinder

Strandmützen für die Kinder

Packliste:

5 Unterhosen pro Kind

5 Paar Socken pro Kind

5 T-Shirts pro Kind

2 kurze Hosen pro Kind

1 Badehose

1 Badeanzug

1 Schlafanzug pro Kind

2 Paar Schuhe pro Kind

2 Jacken pro Kind, für Regen und Wind

2 Mützen pro Kind (eine geht immer verloren)

eigene Klamotten zum Ausgehen

eigene Klamotten für den Strand

Badezimmerzeug

Hausapotheke

Kuscheltiere (Bodo und Mimi)

Handy

Ladegerät

Kamera

Snacks

Brettspiele

Kartenspiele

Fußball

Strandtennis

mobile Strand-Stellwände gegen Wind

to-do:

Koffer aus dem Keller holen und lüften

alle Klamotten waschen

Wetterbericht checken

bügeln

Kühlschrank leeren

Müll rausbringen

Blumen gießen

Brote für die Fahrt schmieren

Getränke für die Fahrt packen

Koffer und Taschen bereitlegen

PAPA: Am Morgen der Abreise schnappt sich Papa seine Sporttasche, guckt, welche frischen Hemden und Unterhosen er noch im Schrank hat... wenn nicht ganz frisch, dann eben „frisch genug", schmeißt alles rein und sagt zu Mama: „Geht doch ganz schnell. Ich weiß gar nicht warum du dich immer so stresst."

WATTSAPP UND DER ANSICHTSKARTEN- SCHWEINEHUND

Jeder kennt die guten Vorsätze zu Beginn des Urlaubs:

1. Mal richtig zur Ruhe kommen.

2. Oft schwimmen gehen.

3. Viel lesen.

4. Schon in den ersten Tagen Urlaubskarten schreiben, damit die ankommen, bevor man selbst zurück ist.

Die ersten drei sind halbwegs realistisch für alle, die keine Kinder haben. Der Ansichtskartenvorsatz artet aber immer in Urlaubsstress aus, füllt er doch allein locker eine ganze To-do-Liste:

Auswählen (die Karte muss ja originell, typisch Meer, aber nicht altbacken sein).

Kaufen. („Haben Sie auch Briefmarken?" „Nein, die gibt's bei der Post, aber die hat schon zu.")

Adressieren. (Eigentlich war man sich sicher, die Adresse dabei zu haben, findet sie aber doch nicht, und fragt den, der die Karte bekommen soll, schnell bei WhatsApp. Damit hat sich dann auch das mit der Karte als Überraschung erledigt, und aus Kür wird Pflicht.)

Die größte Herausforderung: Die Karte beschreiben, und zwar mit der Hand. Spätestens dafür muss man gleich zu Beginn des Urlaubs den Ansichtskartenschweinehund überwinden, um den Daheimgebliebenen eine Freude zu machen:

Egal, ob vorne ein Seehund mit Moinmoin-Sprechblase drauf ist oder der Urlaubsort aus der Luft oder eine Insulanerin in traditioneller Tracht oder die blau-weiße Tür eines friesischen Hauses: Die Handschrift macht die Ansichtskarte erst persönlich. Es fühlt sich so angenehm analog an, wenn man das MacBook im Strandkorb nur als Unterlage nutzt, um mithilfe eines so genannten „Stiftes" etwas zu so genanntem „Papier" zu bringen.

Mit einem Klecks Sonnenmilch wirkt und riecht die Karte sogar, wie direkt am Strand geschrieben. Mit einem Klecks Sahne wirkt und riecht sie, wie im Café an der Strandpromenade verfasst. Für maximale Authentizität lässt man noch eine Möwe einen Klecks drauf scheißen. Das wirkt und riecht dann super echt und total norddeutsch.

Zur Not reicht aber auch die Handschrift allein sowie ein möglichst origineller Text. Hier fünf sehr individuelle Standardtexte zum Abschreiben:

Moin liebe Oma und/oder lieber Opa!

Das Wetter ist toll. Die Wohnung ist toll. Der Strand ist toll. Das Essen ist toll. Wir haben eine Sandburg gebaut. Alle sind gesund. Danke für das Urlaubsgeld.

Viele Grüße, Eure ...

Moin liebe Nachbarn.

Das Wetter ist ein Traum. Die Wohnung ist gigan-
tisch. Wir haben den herrlichen Strand fast für uns
alleine. Alle sind braun, entspannt und genießen die
RUHE am Meer.

Wir würden am liebsten für immer hier bleiben!!! *
Eure ...

*aber freuen uns natürlich schon auf Euch.

Moin Chef,

das Wetter ist schlecht. Die Wohnung ist eng. Der Strand
ist total überfüllt. Leider keine Sonne. Mehr konnten
wir uns leider nicht leisten. Ich freue mich auf Ent-
spannung im Büro.

Mit freundlichen Grüßen ...

Moin Alter!,

Family nervt. Sandburgen bauen, spielen und
ständig: "Papa, Papa, Papa!" Ohne mich läuft hier
gar nichts! Meine Frau starrt mich seit gestern
trotzdem so aggressiv und schmallippig an, dass
ich überlege, warum ich eigentlich geheiratet habe..
Freu mich auf Fußball und Bier!
Reingehauen ...

Moin meine Liebe,

der Urlaub ist wundervoll, aber mein Göttergatte lässt mich alles alleine machen. Haushalt, Kinder versorgen, spielen. Er liegt abwechselnd am Strand in der Sonne oder auf dem Sofa vor dem Fernseher. Und gestern hat er komplett unseren Hochzeitstag vergessen, obwohl ich ihm ständig liebevolle Blicke zuwerfe.

GLG, ...

Viel einfacher ist natürlich die Ansichts-WhatsApp statt der Ansichtskarte. Die Whatsappsprache unterscheidet sich allerdings von der herkömmlichen Postkartensprache.

LEKTION 1: DIE ANREDE.

Vermeide „Lieber sowieso, oder Moin sowieso", sondern schreibe: Huhu – und 😀

LEKTION 2: DER INHALT.

Formuliere bloß keine Sätze aus, schreibe alles klein, und ersetze alle Hauptwörter und Adjektive durch lustige Emojis. Also:

Hier ist es voll 😀 👍 🏖 🏄 🌅 Nächste Woche Lust auf 🍺 🍷 ? Das wär echt voll 🎉 💃 👍

LEKTION 3: DIE VERABSCHIEDUNG.

Bloß kein „viele Grüße" oder „bis bald". Verzichte stattdessen komplett auf Text. Also:

Und davon am besten gleich fünf. Sonst wirkt es so unfreundlich.

Solche Nachrichten sind toll für den Empfänger und der Untergang der deutschen Grammatik. 😃

Vorschlag für Eltern im Nordseeurlaub: Den Kindern eine Freude machen mit WattsApp statt WhatsApp. Man versteckt ihr Smartphone irgendwo im Watt, und sie müssen mit dem Spaten danach suchen. Vorteile: Frischluft und Bewegung. Nachteile: Aggressive Kinder, und man muss neue Handys kaufen.

XXS – DARF ES EIN BISSCHEN WENIGER SEIN?

Jeder Touristenort hat heutzutage so was wie ein Tourismusmarketing und darum auch irgendwelche Werbe-Claims. Die Insel Föhr beispielsweise nennt sich „friesische Karibik". Das ist einfach nur dämlich. Die Insel ist viel zu schön, um mit einem Vergleich zu werben.

Die größte Stärke der gesamten deutschen Küste, aller Dörfer, Städte und Inseln, ist, dass sie kein XXL brauchen. Nicht trotz der fehlenden Superlative sind sie so beliebt, sondern WEGEN der fehlenden Superlative. Klar, jede Tourismusmarketingabteilung findet nach und nach raus, wo das „höchste" Kliff der Küste liegt, in welchem Ort das älteste reetgedeckte Haus steht und welcher Bauer die fettesten Schafe auf dem Deich hat.

Der Grund, warum wir das Meer lieben, ist aber das Gegenteil. Die Bewohner aller Küstenstriche haben es gar nicht nötig, mit dem weißesten Sandstrand (wie in der Karibik) und den atemberaubendsten Blicken (wie in Neuseeland) anzugeben. Und sie haben auch nichts dagegen, dass NICHT jede halbe Stunde Asiatengruppen aus Bussen geworfen werden, um mit einem IPad am Selfiestick ein Bild von sich und dem ältesten reetgedeckten Haus der Insel zu machen und dann sofort wieder abzuhauen. Die sollen schön Schloss Neuschwanstein fotografieren und danach Schweinshaxe essen.

An die deutsche Küste kommen wir, die Kenner, die die wahren Superlative fühlen können und zu schätzen wissen: Die spießigsten Ferienwohnungen, den teuersten Fisch, die steifste Brise, die salzigste Luft, die lautesten Möwen, die romatischsten Häfen und die ruppigsten Gastgeber.

Der Reiz liegt im Detail, im einzigartigen Natur-Meeresurlaubsgefühl. Liebe Tourismus-Marketing-Strategen: XXS statt XXL.

YACHTHÄFEN, SCHUTZ-GEBIETE DER SCHICKERIA

Wer eine fette Segelyacht standesgemäß parken will, ge-hört nach Monaco. Eigentlich. Denn nach der Mona-coisierung von Sylt greift seit einiger Zeit die Syltisierung an Nord- und Ostsee um sich. So liegen in einigen Häfen plötzlich Yachten auf Scheichniveau und auf den Tellern der Fischbuden auf einmal Scampi, die mit der Nordsee so wenig zu tun haben wie Helene Fischer mit Fischerbooten.

Nicht mehr nur auf Sylt steigen die Immobilienpreise und landen die Privatjets. Das gilt mittlerweile auch für einige andere Inseln und die Hot-Spots an den Küsten. Viele Touris plagen Ängste vor der Überfremdung durch Möchtegern-Geissens, die sich ein paar Anwesen kaufen, die verwalten lassen und dann ein paar Tage im Jahr aufkreuzen.

Für alle Sylt-Jungfrauen zur eindeutigen Bestimmung:

Die Spezies ist erkennbar an verbrannter und oft auch verwitterter Haut. Die Männchen tragen immer hellblaue Hemden mit weißem Kragen und Prollaufdruck, haben einen neonfarbenen Pullover umgehängt, auf der Nase liegt eine das Jochbein gänzlich bedeckende Riesensonnenbrille mit ebenso riesigem Schriftzug des Herstellers drauf, und die dünnen Beinchen stecken in neonfarbenen Stoffhosen, die das Männchen für enorm jugendlich hält. Die Weibchen erkennt man an goldenen Uhren, goldenen Sonnenbrillen, pinken Poloshirts, weißen Röcken, und sie kneifen die dick aufgespritzten Lippen mühsam zu einem Strich zusammen, um ihrem Umfeld zu signalisieren: Wir sind verbittert und reich.

Wenn die ersten Sonnenstrahlen kommen, zeigen sich auch die ersten Perlhühner und Liftwangengockel auf den Außenterrassen der weiß gestrichenen Fischlokale, die ja ach so rustikal sind und einfaches ortstypisches Essen anbieten, wie z.B. die Thainudeln mit Calamari, serviert von den kühlen, nüchternen einheimischen Saisonkräften aus Rumänien. Dazu gibt es WeinSCHORLE, damit man nicht gleich betrunken wird, man muss ja schließlich den Cayenne noch vom Halteverbot in die Hoteltiefgarage umparken.

Nach dem Restaurantbesuch ziehen sich die scheuen Säufertiere wieder in ihre fetten Karren zurück, fahren in eine reetgedeckte Nobelboutique in Kampen, und wenn die balzenden Männchen in der Brunft sind oder wegen diverser Praktikantinnenaffären ein schlechtes Gewissen haben, kaufen sie ihren Jacobsmuschis bergeweise Parfum, Handtaschen und Sanddornlikör mit Blattgold.

Danach schnell Wellness im Hotel, und dann gibt es noch mal ortstypisches Essen mit ein paar Litern Schampus und/oder Weißweinschorle.

Bei näherem Hinsehen ist all das jenseits von Sylt aber nur ein Trendchen. Und selbst auf Sylt gibt es genug Ottonormalspießer wie uns, die mit dem Fahrrad die Insel rauf- und runter fahren, täglich fünf Fischbrötchen essen, die Seeluft genießen und die Schickeria als Entertainment genießen können. Oft ist das sogar aufregender als Vogelbeobachtungen in den Dünen. Und das Tolle ist: Bei näherer Betrachtung stören die Möchtegernmonacomenschen gar nicht. Wenn die eine Hälfte der Touris Natur will und die andere Hälfte Champagner, kann man dabei doch perfekt übereinander lästern.

ZUHAUSE.
DAS „KÜSTE-UNSER"

Nord- und Ostsee schaffen Erstaunliches und machen Erstaunliches mit einem. Wer an der Küste zu Hause ist, der freut sich über nichts mehr, als über das Verschwinden der Touristen. Das ist die Wahrheit. Wenn im Herbst die Saison endet, werden Freudenfeste gefeiert. Dann ist man wieder unter sich, und dann ist die Landschaft und der Ort, in dem man lebt, wieder das eigene Zuhause.

All die Fremden, die Touristen, die dann wieder gefahren sind, kommen aber garantiert wieder. Denn jeder regelmäßige Küstentourist hat schon mal das „Küste-Unser" erlebt. Unwillkürlich sagt man „unser Strand", „unsere

Ferienwohnung", „unser Eiscafé", „unser Büsum", „unser Helgoland", „unser Zingst". Man checkt gleich zu Urlaubsbeginn, was sich verändert hat, ob es Baustellen gibt, ob die Strandkörbe anders aussehen, ob ein neues Restaurant eröffnet hat. So etwas macht man nur in einer vertrauten Umgebung, die einem viel bedeutet. Und darum gibt es so viel geballtes „Zuhause" wie an der Küste nirgendwo sonst in Deutschland. Und wenn die grummeligen Einheimischen sehr, sehr, sehr ehrlich sind ... zu sich selbst ... also nach sehr, sehr, sehr vielen Gläsern Köm ... sind sie genau darauf auch stolz ... und wären ohne die lange Touristensaison auch nicht glücklich.

Diverse Cartoonisten
Packende Bilder - Cartoons im Urlaub und auf Reisen
ISBN 978-3-8303-3304-3

DIE SPASS BRINGEN

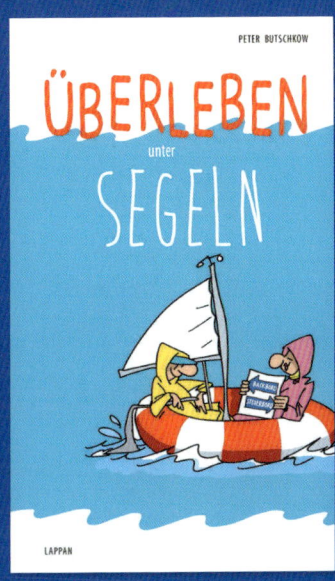

Peter Butschkow
Überleben unter Segeln
ISBN 978-3-8303-4375-2

Dietmar Wischmeyer
**Den Klaren sieht die Leber nicht –
Männerleben auf dem Lande**
ISBN 978-3-8303-3421-7

Miguel Fernandez
Der ganz normale Bahnsinn
ISBN 978-3-8303-3368-5

JAN ZERBST bei LAPPAN

Jan Zerbst
Die Welt in 30 Sekunden!
ISBN 978-3-8303-3349-4

Jan Zerbst
Die Welt in 30 Sekunden! - Teil 2
ISBN 978-3-8303-3377-7

Jan Zerbst (Hrsg. und Autor)
Der Affe fällt nicht weit vom Stamm
ISBN 978-3-8303-4375-2

ffn-APP!
Runterladen!
Einschalten!

Jan Zerbst lebt in Hannover und ist Comedyautor, Sprecher und Radiomoderator bei *ffn*. Für seine Arbeit gewann er zahlreiche Preise, u. a. den *Deutschen Radiopreis* in der Kategorie Comedy.

Miguel Fernandez – Kommunikations-  designer, geboren 1974 bei Hannover, zeichnet seit 2005 Cartoons und Illustrationen, seit 2006 sogar vorzeigbar. Mehrere Cartoonbände bei Lappan. www.miguelfernandez.de

ISBN 978-3-8303-3417-0

Fotos S. 34–37: Fotolia
Fotos S. 44–49, 69: privat

Lektorat: Nicola Heinrichs

Gestaltung | Herstellung: Monika Swirski

Druck und Bindung: Balto Print
Printed in Lithuania

www.lappan.de